Género Fantasía

I0799114

¿? **Pregunta esencial**

¿Por qué se postulan las personas para cargos públicos?

LOS SUEÑOS FLOOZLE

Eirlys Hunter

ilustrado por
Cristian Mallea

Capítulo 1
Los sueños *floozle* de Donald Lopskill 2

Capítulo 2
Las ideas de Jana Lopskill 6

Capítulo 3
Un gran gobernador 10

Respuesta a la lectura 16

LECTURA COMPLEMENTARIA **El trabajo de un gobernador** 17

Enfoque: Elementos literarios 20

CAPÍTULO 1

Los sueños floozle de Donald Lopskill

Donald Lopskill se acomodó en su asiento.

—Entonces, ¿qué te gustaría saber? —preguntó.

—En la escuela me mandaron de tarea grabar una entrevista con alguien que haya tenido una vida interesante —dije intentando no bostezar, pues hacía mucho calor en el apartamento de Lopskill—. ¿Podría, por favor, decirme por qué se postuló para gobernador del estado?

El anciano sonrió y dijo:

—La respuesta a esa pregunta es el juego *floozle*.

—¡Qué! ¿Usted jugó *floozle*, señor? —dije asombrado.

Revisé que mi hologramador estuviera grabando correctamente, ¡esto podía ser interesante de verdad!

—Yo jugaba bien *floozle*, y me puedes llamar D.L. —dijo el exgobernador riendo.

La señora Lopskill trajo té helado.

—¿Por qué no le mostramos a Zane algunos de los hologramas de nuestro archivo? —sugirió.

—¡Buena idea, Jana!

D.L. seleccionó rápidamente un holograma.

LOCAL
VISITANTE
00
15:29
87
OCTUBRE 2082

—Ese soy yo cuando jugaba en el equipo nacional —dijo D.L., señalando al número 8—. Fui el capitán hasta que me fracturé la pierna. Fue el final de mi carrera.

—¡Guau, usted era el capitán del equipo nacional de *floozle!* —exclamé impresionado.

—No pude jugar *floozle* después de eso. Sin embargo, decidí que todavía podía apoyar el deporte. Astoria necesitaba un estadio nuevo de *floozle.* El gobernador no estaba interesado en construir uno. Entonces, después de terminar mis estudios de derecho, me postulé para gobernador.

—¿Entonces se convirtió en gobernador por el *floozle*? —pregunté.

D.L. sonrió.

—Sí, soñaba con hospedar equipos visitantes en la mansión del gobernador. También quería inaugurar la Copa de *Floozle* de Donald Lopskill, en el estadio Donald Lopskill.

—Fue una competencia reñida —dijo la señora Lopskill— pero él ganó.

AHORA COMPRUEBA

¿Por qué se postuló D.L. para gobernador?

CAPÍTULO 2

Las ideas de Jana Lopskill

—Conocí a Jana el año en que me convertí en gobernador, y nos casamos —D.L. sonrió a su esposa—. Los dos estábamos muy ocupados trabajando durante esos años. Yo tenía mis deberes de gobernador. Jana enseñaba en una escuela primaria. Su trabajo la llevó a pensar en el nuevo estadio de *floozle*. Estaba decepcionada porque no beneficiaría a los niños de Astoria.

—¿Por qué? —pregunté.

—En esa época no podías jugar *floozle* hasta no tener 18 años —dijo D.L.

—¿De verdad? —repliqué.

—Sí, los morrales reactores que usábamos para volar eran demasiado peligrosos. Jana me persuadió para que usara algún dinero del presupuesto estatal para los parques de juegos e instalaciones deportivas para los niños.

Proyectó otro holograma.

—Ese soy yo en la ceremonia de inauguración de un nuevo parque de juegos. Los niños querían que yo probara todo. ¡Fue divertido! Aún recuerdo el chinchín del brindis de apertura —dijo sonriendo—. Y luego hallé algo que necesitaba mi atención urgentemente.

La señora Lopskill explicó:

—Camino a una reunión, paramos a almorzar en el lago Astoria. Ninguno de los dos había estado allí desde que éramos niños.

Detective del lenguaje **La palabra subrayada es una onomatopeya. ¿Qué representa?**

—Vimos que el agua del lago estaba color café y cubierta de espuma —dijo D.L.—. Nos horrorizamos cuando nos dimos cuenta de que el suministro de agua de nuestra ciudad provenía de allí.

—Le supliqué a D.L. que hiciera limpiar el lago —dijo ella.

—¿Y lo hizo? —pregunté.

—¡No te desboques! —se sonrió—. El lago estaba sucio porque los desperdicios de la fábrica de Horacio Bumble lo estaban contaminando. Así que advertí a Bumble que el estado de Astoria no lo toleraría. Pretendía cerrar su fábrica a menos que dejara de contaminar el suministro de agua.

—¿Qué dijo Horacio? —pregunté.

—Horacio dijo que él podía hacer lo que quisiera. ¡Luego anunció que iba a competir contra mí para ser gobernador!

—¿Qué sucedió? —pregunté.

—Bien, eso me molestó. Estaba planeando ser gobernador por un periodo, solo hasta que mi estadio estuviera construido. Sin embargo, no podía permitir que un opositor como Horacio Bumble me venciera.

D.L. continuó:

—Ahí me di cuenta de que en realidad quería un segundo periodo. Tenía que asegurarme de que todos en Astoria tuvieran acceso al agua potable.

D.L. se frotó su pierna enferma.

—Fue una campaña sucia. Horacio afirmó que yo quería cerrar todas las fábricas del estado.

AHORA COMPRUEBA

¿Por qué D.L. decidió postularse de nuevo para gobernador?

CAPÍTULO 3

Un gran gobernador

—Donald ganó su segundo periodo de manera contundente —dijo la señora Lopskill con orgullo—. Y el lago fue limpiado.

—Sí, fue una victoria abrumadora. Sin embargo, yo estaba cansado después de la campaña. Entonces tuve una idea. Organicé la Hora de la charla con los ciudadanos. Cada mañana a las nueve en punto, las personas podían enviarme sus inquietudes —dijo D.L. con una sonrisa—. Podían mostrarme un puente que necesitaba reparación o dónde se necesitaban nuevas aulas. Yo me ocupaba de sus problemas.

—Se convirtió en un gran gobernador —dijo la señora Lopskill, sonriendo a su esposo.

—Bueno, me di cuenta del privilegio que era. Podía mejorar la vida de las personas. ¡Me encantaba hacerlo!

—No vas a creer esto, Zane, pero cuando la Copa *Floozle* se celebró en el nuevo estadio. ¡Casi me la pierdo! —dijo D.L., con grandes carcajadas—. Estaba inaugurando la Compañía de Transporte de Energía Renovable, que ahora es famosa por ofrecer transporte seguro y limpio.

—¿Como mi morral energético? —pregunté.

—¡Exacto! La compañía empleó a todos los trabajadores de la fábrica de Bumble, que por entonces había cerrado, y a cientos más. Fue un gran día.

D.L. miró pensativo.

—Antes me habías preguntado qué fue lo mejor que hice como gobernador. Creo que proveer agua potable y generar nuevos empleos fue lo mejor de todo. El secreto de mi éxito ha sido escuchar a la gente. También, la sabiduría de Jana me ha ayudado a ver lo que en realidad podía lograr.

Sentí que era el momento perfecto para finalizar la entrevista, cuando D.L. levantó su té helado en homenaje a su esposa.

Detective del lenguaje

En la oración subrayada, el verbo haber es auxiliar. Busca otro ejemplo en esta página.

Apagué mi hologramador y le di las gracias a D.L. y a la señora Lopskill. La historia de la vida de D.L. terminó siendo mucho más interesante de lo que había esperado.

Luego, aunque con un poco de timidez, dejé escapar lo siguiente:

—Señor, ¡solo quiero decir que es un gran estadio! Yo juego *floozle* y mi sueño es jugar allí algún día.

Sonrió de oreja a oreja.

—¡Es fantástico! ¿Oíste eso Jana? ¡Zane es un jugador de *floozle*! ¿En qué posición juegas?

—Juego como volador alto. Hice cuatro goles el último fin de semana.

—¡Bravo! —D.L. se levantó con dificultad de su asiento y su bastón hizo cric-crac por el piso de madera hasta el armario.

—Esto es para ti, Zane, de un jugador de *floozle* a otro —me entregó una pelota firmada por el equipo de Astoria del 2091, ¡los primeros ganadores de la Copa Donald Lopskill!

AHORA COMPRUEBA

Según D.L., ¿cuáles fueron sus logros más importantes?

Respuesta a la lectura

Resumir

Usa detalles importantes de *Los sueños floozle* para resumir la selección. Usa el organizador gráfico como ayuda.

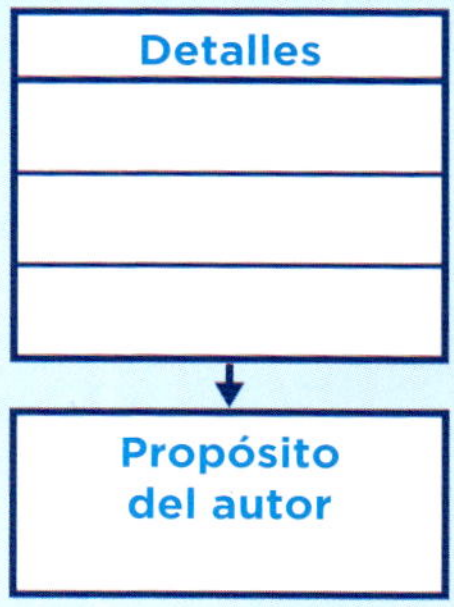

Evidencia en el texto

1. ¿Cómo sabes que este relato es una fantasía? **GÉNERO**

2. ¿Desde qué punto de vista se narra el relato? Da detalles del texto que muestre quién es el narrador. **PUNTO DE VISTA**

3. ¿Qué quiere decir Lopskill con el modismo "¡No te desboques!" en la página 8? **MODISMOS**

4. Escribe cómo cambiaría este relato si lo contara un narrador en tercera persona. **ESCRIBIR SOBRE LA LECTURA**

Género Texto expositivo

Compara los textos

Lee más sobre el papel de un gobernador.

El trabajo de un gobernador

Un rector dirige una escuela. Un gobernador dirige un estado. El gobernador está a cargo, pero tiene que seguir las normas del estado.

Los gobernadores suelen ser elegidos para un periodo de cuatro años. Cada estado tiene sus propias normas sobre la edad que debes tener antes de postularte para un cargo público.

Antes de postularse al cargo, muchos gobernadores eran abogados o tenían una empresa. Entender los negocios y la ley puede ayudarles a realizar mejor su trabajo.

Nellie Tayloe Ross (1876-1977) se convirtió en la primera mujer gobernadora de un estado (Wyoming) en 1925.

Un gobernador tiene muchas responsabilidades. Trabaja con quienes aprueban las leyes del estado. Cuando no está de acuerdo con una ley, puede detener su aprobación.

El gobernador también hace el presupuesto. Decide en qué gastar el dinero. Debe asegurarse de que hay suficiente dinero para pagar por las cosas necesarias.

Un gobernador, a veces elige personas, como jueces, para trabajos importantes en el estado.

Esta casa de gobernador, la más antigua del país habitada de forma continua, fue diseñada por Alexander Parris en estilo federal temprano simple.

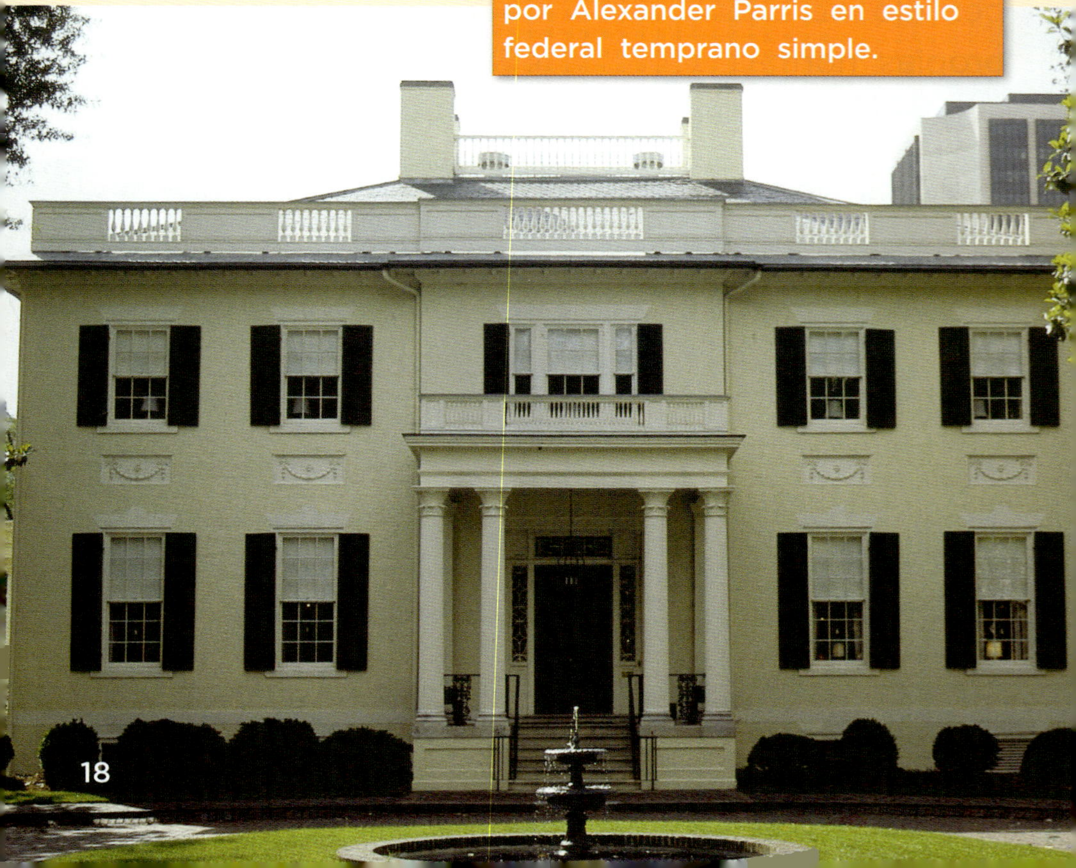

La Constitución del estado

Estados Unidos es tan grande que cada estado tiene su propio gobierno. Un estado también tiene una constitución del estado. Esto protege los derechos de sus ciudadanos.

Cada gobernador da un discurso cada año para decir a los votantes lo que planea hacer. Se llama el Discurso de la Dirección del Estado.

Otra parte de su trabajo es asistir a eventos y dar la bienvenida a visitantes importantes. Con frecuencia, su cónyuge acompaña al gobernador o gobernadora a estos eventos.

Como puedes ver, un gobernador tiene mucho por hacer. El bienestar de mucha gente depende de que el gobernador haga un buen trabajo.

Haz conexiones

¿Qué hace un gobernador? **PREGUNTA ESENCIAL**

¿Qué conexiones puedes hacer entre las acciones del gobernador Lopskill en *Los sueños floozle* y las responsabilidades sobre las que leíste en *El trabajo de un* gobernador? **EL TEXTO Y OTROS TEXTOS**

Enfoque: Elementos literarios

Onomatopeya Es difícil de deletrear y complicada de pronunciar, pero es bueno saber qué es la onomatopeya. Esta es una palabra que suena como lo que representa. Los sonidos de animales son un ejemplo de onomatopeya. *Guau, miau, croac* y *cloc* suenan como los sonidos que hacen ciertos animales.

Lee y descubre En la página 14 de *Los sueños floozle*, la palabra cric-crac suena como el bastón del gobernador Lopskill al golpear sobre el piso de madera. Las palabras imitan el sonido que hace el bastón.

Tu turno

Describe un ambiente sonoro usando onomatopeyas. Haz una tabla en T con el título "Ambiente" para una columna y "Sonidos" para la otra. Completa la tabla con al menos tres ambientes distintos. Luego escribe dos o tres sonidos que escucharías en cada ambiente.

Escribe una oración para cada ambiente. Léelas a tu grupo, y ajústalas si es necesario. Ilustra uno de los ambientes sonoros y muéstralo a los demás.